人生心得帖

監修　藤尾秀昭

致知出版社

奥深い山に入って道に迷った時、
先人が残してくれた道標《みちしるべ》があると救われます。
人生も同じです。
人生行路《こうろ》でさまざまな出来事に出会い、
どう進むべきか迷った時、
道標があれば力を得て、
新たな一歩を踏み出すことができます。

そういう思いから
ここに先人の残してくれた言葉を集め、
『人生心得帖』を編纂《へんさん》しました。

本書を手に取ってくださった皆さまに、
いささかでも益《えき》するものがあれば幸いです。

人生心得帖　目次

装　幀——フロッグキングスタジオ
編集協力——柏木孝之

逆境を越える

もろびとの思い知れかし己《おの》が身の
誕生の日は母苦難の日なりけり

『父《ぶ》母《も》恩《おん》重《じゅう》経《きょう》』

誕生日は祝ってもらうものと思っている人が多い。しかし、あなたの誕生した日は、母親が何時間もの陣痛《じんつう》に耐え、生死をかけて闘った苦難の日だったことを、この言葉は教えてくれます。

森信三先生の九十三歳の誕生祝いに、花を贈ったことがあります。後に、先生から礼状が届きました。そこには他には一切余計なことを書かず、ただこの一語だけが記されていました。

そこに森先生の強いメッセージを感じました。先生没後二十七年。「マヒの右手もて」と認《したた》められた直筆の字とともに、この言葉はいまも強い威光を放っています。

苦しみに遭《あ》って、自暴自棄《じぼうじき》に陥《おちい》るとき、
人間は必ず内面的に堕落《だらく》する。
同時に、その苦しみに堪《た》えて、
これを打ち越えたとき、
その苦しみは必ずその人を大成せしめる。

ペスタロッチ

十八世紀、スイスに「教聖《きょうせい》」と讃《たた》えられた人がいました。無私の精神でその人生を障《しょう》碍《がい》児教育に捧げたペスタロッチです。その墓碑《ぼひ》に「すべて他のためにし、何物も己のためにせず」と刻まれているとおり、人間愛に基づいたその生き方と思想は世界の教育者たちに大きな影響を与えました。

自ら設立した孤児院や学校が閉鎖に追い込まれたり、多額の借金を負ったりその生涯は失敗に次ぐ失敗でした。

数々の逆境を乗り越える中で掴《つか》んだペスタロッチのこの珠玉の言葉は、触れる者の心を鼓舞《こぶ》し、明日に向かう大きな勇気と希望を与えてくれます。

すべて
とどまると
くさる
このおそろしさを
知ろう
つねに前進
つねに一歩
空也《くうや》は左足を出し
一遍は右足を出している
あの姿を
拝してゆこう

坂村真民

仏教詩人で知られる坂村真民《しんみん》さんは、「つねに前進」のこの詩のとおりの生涯を送られました。不遇な少年期を経て、高校教師時代には原因不明の病気に苦しむなど多くの逆境を体験された真民さんですが、九十八年の生涯を通して、人々の心に灯りをともす詩を一《いち》途《ず》一心《いっしん》に書き続けられました。

真民さんの詩の根幹にはお母様が苦しい時に口にされていた「念ずれば花ひらく」の言葉と、人々の救済のために南無阿弥陀仏と書かれた札を配りながら歩いた一遍上人《いっぺんしょうにん》の願いがあります。「つねに前進」もまた、苦しい時、辛い時、思わず口ずさみたくなる力強い詩です。

『坂村真民一日一言』の中にはこういう詩もあります。

「人間いつかは終わりがくる
前進しながら終わるのだ」

人生は、にこにこ顔で生命がけ

平澤　興

平澤興《ひらさわこう》先生は明治三十三（一九〇〇）年、新潟の生まれ。苦学して京都大学医学部を卒業、錐体外路系《すいたいがいろ》の研究で世界的に認められ、後に同大学総長を務めました。学生時代、「学問は受け身であってはならない」と発心した先生は、教授に勧められた医学書の原書を読み続けるなど、猛烈に勉学に打ち込みました。

一月から六月まで読むべき原書は約三千ページ。午前二時に起床し、夜は九時終了。予定のページが済むまでは寝ない。これを貫徹《かんてつ》するため「予定は実力の範囲内」と定め、例えば原書を読むのに最大の努力で一時間一ページ進められるなら、予定では一時間で三分の二ページか半分に設定。一か月は二十四、五日で予定を立てる。そういう余裕ある計画を立てると、予定より早く進み希望が生まれたといいます。

「最善の努力というのは、あらゆる条件を考えて、いつまで続けても過労が出ず、努力の中に笑いがあるようなものだ」と先生は言っています。

しかめっ面《つら》で周囲に窮屈さを与えるような努力は本物ではない。「にこにこ顔で生命がけ」の境地こそが最善の努力の姿であることを、平澤先生の言葉は教えてくれています。

あなたはいま何をしていますか

森　信三

生前マスコミに一切姿を見せず、在野《ざいや》の哲人として国民教育に心血を注いだ森信三先生。全国三千人といわれる門弟の一人、「実践人の家」元理事長・田中繁男氏が読書会に出席するたびに森先生から問いかけられた言葉です。

ある読書会で、校内暴力が絶えないことを嘆く教師に対し、森先生はこう尋ねました。

「それで、あなたは何をしましたか」。

その人が黙り込むと、普段は柔和な森先生が凄まじい気魄《きはく》でこう言ったそうです。

「現在の学校が困難な状況にあることは、私も知っています。だから、その中でいまあなたが何をしているか、それを知りたいのです。例えば、満員の講堂が停電になったとします。しかし、五燭《ごしょく》の電灯一つ、あるいはロウソク一本があれば、大きな騒ぎにもならず、無事退場できるのです。あなたには、その一本のロウソクになろうとする気持ちがないのですか」

目の前の現実に不平不満を言ったり、批判をするのではなく、その中でいま何をしているかを自らに問いかけよ――。九十七年の生涯を「実践」に捧げた森先生の魂のメッセージです。心したい言葉です。

人間はできるだけ早くから、
良き師、良き友を持ち、
良き書を読み、
ひそかに自ら省《かえり》み、自ら修めることである。
人生は心がけと努力次第である。

安岡正篤

明治維新の英傑《えいけつ》を輩出《はいしゅつ》した吉田松陰《しょういん》の言葉に、「徳を成《な》し、材を達するには、師恩友《しおんゆう》益《えき》多きに居《お》り」とあります。

自らの徳を大成させ、才能を上達させる上で、良き人と交わることがいかに大切かを説いた言葉です。

碩学《せきがく》・安岡正篤《まさひろ》師はこの言葉に啓発を受け、全国師友《しゆう》協会を発足させました。いかなる人と交わるかによって人生が定まることを熟知していたからです。

良き人生を創造するには、良き師、良き友と交わり、良き書に学んで自分を修めること。そういう人生を歩むべく心がけてゆきたいものです。

霧の中を行けば
覚えざるに衣しめる。
よき人に近づけば
覚えざるによき人となるなり。

道元

霧の中を歩んでいると、気がつかないうちに衣が湿《しめ》っている。優れた人に親しんでいると、いつの間にか自分自身も高められ、優れた人になっている、という意。

曹洞宗《そうとうしゅう》の開祖である道元禅師《どうげんぜんじ》が説いた言葉やその問答を、弟子の孤雲懐奘《こうんえじょう》が記した語録書『正法眼蔵随聞記《しょうぼうげんぞうずいもんき》』にある有名な言葉です。

優れた人に近づいて学んでいけば、自らの人格が向上し、運命を高めていくことができる――。私たち一人ひとりに大きな希望と勇気を与えてくれる言葉です。よき人に近づき、自らを錬磨《れんま》し、よき人生を送りたいものです。

熱をもて。誠をもて。

北里柴三郎

破傷風菌《はしょうふうきん》の研究やペスト菌の発見等により、世界の医学史にその名を刻む細菌学者・北里柴三郎《きたざとしばさぶろう》博士。

一八九一年、ベルリン滞在中の柴三郎のもとを、後に京都帝国大学総長となる青年の荒木寅三郎が訪ねてきました。当時三十八歳だった柴三郎はこう言って彼を励ましたといいます。

「君、人に熱と誠があれば、何事でも達成するよ。よく世の中が行き詰まったと言う人があるが、これは大いなる誤解である。世の中は決して行き詰まらぬ。もし行き詰まったものがあるならば、これは熱と誠がないからである」

荒木青年はこの言葉に感奮《かんぷん》します。後に氏は医化学者として大成し、京都帝国大学総長を務めるまでになりますが、そのことは、若き日に柴三郎の言葉と出会えたことと無縁ではないように思います。

熱意と誠意こそ、あらゆる仕事を成就《じょうじゅ》させ、人生を真の結実へと導くものであることを忘れてはならないでしょう。

糸がゆるむ。
琴《こと》も三味線《しゃみせん》もバイオリンも快適な音は出ない。
人間も心がゆるむ。そこに調子の悪さが生まれる。
面白いほど調子がよくなりたいと願うなら、
心をいらだたせないこと。
いつも明るく豊かに心に張りをもつことである

常岡一郎

常岡一郎《つねおかいちろう》氏は明治三十二（一八九九）年生まれ。青年時代に肺結核を患い、以来闘病生活でひたすら自らの心魂《しんこん》を練り上げること十五年にして病を克服した常岡氏は、修養団体・中心社を立ち上げ生涯にわたって人の生き方を説いて回られました。

死病といわれた病を克服していく過程で氏の心境は深まり、その発する言葉は多くの人を魅了するものとなりました。右の言葉にも読む者の心を覚醒《かくせい》させる力があります。

どんな人でも完全ではない。
その人の欠点だけをひろえば誰でも悪人になる。
悪人でもその長所だけをみつめたら善人ともいえる。
困った石、邪魔な木でも
配置をかえたら見事な庭の助けとなる。
工夫と寛容《かんよう》が人を活かす。

松下幸之助

松下電器産業（現・パナソニック）の創業者であり、昭和を代表する実業家。

松下氏は十歳の時、父親の事業が失敗、尋常小学校の卒業を待たずに大阪の火鉢屋《ひばち》に丁稚奉公《でっちぼうこう》し、そこから一代で世界屈指《くっし》の家電メーカーを育て上げた稀代《きたい》の経営者として知られ「経営の神様」と呼ばれました。

「人に光を当てる」を経営の基本とした氏は社員の長所を見て短所は見ない「人を活《い》かす経営」に腐心《ふしん》されました。その人使いの妙《みょう》は紹介した言葉からも窺《うかが》い知ることができます。

ただいるだけで

あなたがそこに
ただいるだけで
その場の空気が
あかるくなる
あなたがそこに
ただいるだけで
みんなのこころが
やすらぐ
そんなあなたに
わたしもなりたい

相田みつを

大正十三（一九二四）年栃木県足利《あしかが》市生まれ。旧制中学の頃から短歌・禅に出会い、独特の世界観を書として表現。あたたかい言葉で綴《つづ》られる詩は、人間の生きる道を説いており、多くの日本人の心を捉えています。

この詩には、氏が終生《しゅうせい》追い求めた理想の人間像が凝縮《ぎょうしゅく》されています。謙虚《けんきょ》な心で常に自己観照《かんしょう》し、深い慈愛《じあい》をもって人々と和《わ》していくこと——。さまざまな苦難を超え、真理を見出《みいだ》してきた氏だからこそ生まれたこの詩は、我われに深い省察《せいさつ》を促《うなが》してくれます。

『にんげんだもの』相田みつを著（文化出版局）

雨の日には雨の日の
悲しみの日には悲しみをとおさないと
見えてこない
喜びにであわせてもらおう
そして
喜びの種をまこう
喜びの花を咲かせよう
ご縁のあるところ
いっぱいに……

東井義雄

森信三先生をして「教育界の国宝的存在」と言わしめた東井義雄《とういよしお》先生（一九一二〜九一）の詩です。兵庫県但馬《たじま》地方で四十年間、小中学校教師を務め、地方にいながら卓越《たくえつ》した人格と教育法は全国に知られていました。

敬虔《けいけん》な仏教徒でもあった東井先生は子供たちの悩みや苦しみに真剣に向き合い、その気づきや感動を多くの実践記録や詩として残されています。先生ご自身も幼少期に母親を失い、晩年には我が子が植物状態になるなど幾度も深い悲しみを味わってこられました。

人の一生は、悲しみと喜びが織りなすドラマのようなものです。日常のささやかな行いの中で喜びの種をまき、花を咲かせる生き方の大切さを、この詩は教えてくれています。

君子に三惜《さんせき》あり。
この生を学ばず、一に惜《お》しむべきなり。
この日間過、二に惜しむべきなり。
この身《み》一敗《いっぱい》、三に惜しむべきなり。

『酔古堂剣掃』

『酔古堂剣掃《すいこどうけんすい》』は明代の文人・陸紹珩《りくしょうこう》の編著による格言集。儒仏道《じゅぶつどう》の古典の中から抜き出した片言隻句《へんげんせきく》が収録されています。ここでいう君子とは、自分の人格を少しでも高めようと努力している人のことを指しています。

この教えは君子《くんし》が惜《お》しむべき訓戒として、
①せっかく人間として生まれたにも拘《かかわ》らず、いかに生きるべきかという学問を学ばない
②何をするでもなく漫然《まんぜん》と一日を過ごす
③自分で自分の人生を失敗にもっていく
の三つを挙げています。

この生《せい》を学ばず、この日を間過《かんか》していたら、自分で自分の人生を失敗にもっていってしまうことになる——と解することもできます。

「我を滅ぼす者は我なり。人、自ら滅ぼさずんば、誰か能《よ》く之《これ》を亡《ほろ》ぼさん」と呂新吾《りょしんご》という哲人の言葉もあります。自らの人生を自ら失敗にもっていくような生き方を送ることのなきよう、深く心に刻みたい箴言《しんげん》です。

いのちを燃やす

本来人

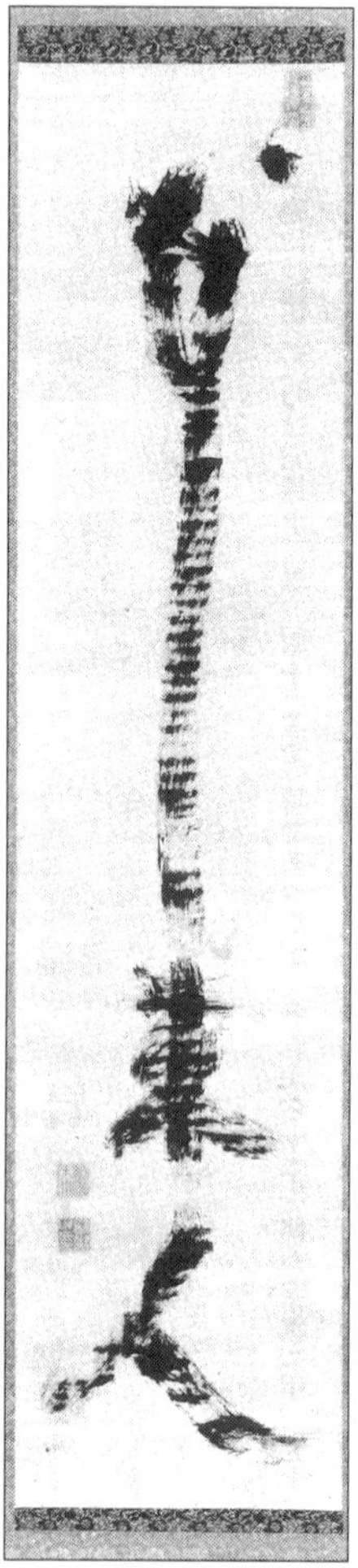

慈雲尊者

江戸時代中期（一七一八年）に生まれ、八十六年の人生を生きた真言宗《しんごんしゅう》の僧・慈雲尊者《じうんそんじゃ》の言葉です。

森信三先生は慈雲尊者のことを道元、親鸞《しんらん》に劣らぬ高僧と高く評価しています。

「本来人」とは善・本性《ほんしょう》を全《まった》くした人という意味のようです。

ここに「本来人」と書かれた尊者の書を掲載しましたが、この「本」の字を長く伸ばした書をじっと見つめるうちに「ああ、これは本《もと》来たりて人」と読むのだと思いました。人は本来たりて人となる、本が来ないと人とはならない。

本とは人間各自が天から与えられた「天真《てんしん》」のことではないか。人は誰でも天からその人だけの真実、即《すなわ》ち「天真《てんしん》」を授かって生まれてくる。その「天真」を発揮しないと人にはなれない。そのことを尊者は教えているのだと思います。

本来人となるべく心したいものです。

天　我が材《ざい》を生《しょう》ず　必ず用《よう》有り

李白

中国は唐代の詩人・李白《りはく》が作った「将進酒《しょうしんしゅ》」の詩にある一節です。

天は自分という人間を生んだ。天が生んだ自分は必ず自分にしか果たせない役割、使命があるはずだ、という意味です。

李白の詩は今日まで千年以上にわたり人々に口ずさまれてきました。その李白の人生観が窺《うかが》える言葉です。

二十代の青年の集まりで、この言葉を紹介した時、全員の目が輝きました。若い人たちはこういう言葉を求めているのだと思いました。

よい言葉は人の心に灯をつけるもののようです。先の慈雲尊者の言葉と合わせて、味読《みどく》したい言葉です。

成功している人はみな、
途中であまり道を変えていない。
いろんな困難があっても志を失わず、
最後までやり遂げた人が概して成功している。

松下幸之助

松下幸之助氏の言葉は、人生の山坂をいくつも越えてきた人でなくては発し得ない深い人生の哲理に富んだものが多く、心を打ちます。

この言葉もその一つです。

同じことをこうも言っています。

「成功するまでやる。成功するまでその志を変えない。極めて簡単なことだが、往々《おうおう》にしてそれができない」

経営の一道を究めてきた人の言葉はそのまま人生の真理を喝破《かっぱ》して、まことに含蓄《がんちく》深いものがあります。

最後に私たちを内省に導く言葉を一つ。

「人間、心が弱くなったときには言い訳をしたくなってくる」

朝には希望に起き、
昼には努力 精進《しょうじん》に生き、
夜には反省と感謝で眠る

平澤 興

平澤興先生が生前好んでよく使っていた言葉です。

脳神経解剖学の大家だった平澤先生は、人間が体を動かせるのは、脳から刺激を受けて錐体路が動く時、無数の錐体外路という神経がどこからも命令を受けていないのに自然に協力していくからであるという世界的な発見をしました。ゆえに、「宇宙における最高最大の奇跡は人間であり、人間は自分で生きているのではない、生かされている」と、口癖のように話されていました。

朝起きた時、「疲れが取れないな」「もっと寝ていたいな」と思ってしまうことはないでしょうか。しかし、目が覚め、耳が聞こえ、手足が動く。これは決して当たり前ではなく、六十兆もの細胞が見事に調和して働いているからに他なりません。

朝は希望と張り合いをもって起き、日中は脇目も振らず一所懸命仕事に打ち込む。夜はその日の言動を振り返って内省するとともに、きょうも一日元気で働けてよかったと感謝し、静かに喜びながら眠る。

私たちもまた、このような生活を習慣とし、充実した人生を送りたいものです。

秋になって実のなるような果樹には、
春、美しい花の咲く樹はない

森 信三

森信三著『人生二度なし』の中に、この言葉が紹介されています。

人生における青春時代とは、もし植物に例えれば開花期であり、そこには満開の桜のような趣《おもむき》があると言えるでしょう。ところが戦後、「この青春時代というものは、人間の一生においても、とくに楽しむに値《あたい》する時期なんだから、大いに楽しまねばならぬ」「そうしなければ損だ」という考え方が次第と広まっていきました。

国民教育の師父《しふ》と謳《うた》われた森信三先生は、そのような風潮に警鐘《けいしょう》を鳴らしています。

青春の時期とはなるほど人生の開花期であるにしても、決して結実期ではないと指摘。つまり、壮年および晩年という、青春期に続いてくる人生の二つの段階を、常に心の中で見通しをつけることが大切だというのです。

人の生き方を示唆して、とても味わい深い言葉です。

わしは百まで生きる。あと五年だ。
これからの五年は二十歳から始めて
過去七十五年間営んだ業績と
同じ分量の仕事がやれる。

御木本幸吉

御木本幸吉《みきもとこうきち》は安政五（一八五八）年、三重県鳥羽《とば》に生まれ、二十歳の時に真珠の養殖《しんじゅのようしょく》を始め、試行錯誤の末、世界で初めて真珠の養殖に成功。後《のち》に世界から「真珠王」と呼ばれ、昭和二十九（一九五四）年、九十六歳で亡くなりました。

明治三十二年（幸吉四十一歳）、東京銀座に御木本真珠店を開店。明治三十八（一九〇五）年日露戦争後の十一月、明治天皇が戦勝報告に伊勢神宮に参拝された時、拝謁《はいえつ》を許された幸吉は明治天皇に「いまに世界中の女性の首を真珠でしめてみせます」と言上《ごんじょう》したといいます。

右記の言葉は、幸吉が九十五歳の時の言葉です。これまでは未熟ゆえに、多くの失敗や無駄なことをしてきたが、そのおかげで多くのことを学んだから、これからの五年でこれまでの七十五年分の仕事ができる、というのです。

九十五歳にしてなお、未来に希望を託し、活力に溢れて生きた御木本幸吉。

私たちが学ぶべきはこの気概と情熱です。

自分の一生の仕事を見つけた人が最も幸福である。
彼は、他の幸福を探す必要がない。

トーマス・カーライル

カーライル（一七七五～一八八一）は十九世紀のイギリスで活躍した歴史家であり思想家です。代表作の一つに『衣装哲学』があり、日本でも昭和のはじめに多くの若者に愛読されていました。

この人には有名な逸話があります。自分が何年もかけて書き上げた原稿を、友人の奥さんが紙くずと思い燃やしてしまったのです。平謝りに謝る友人に、カーライルは一切語気を荒《あら》らげず、「また書き直せばよい」と言って、大部《たいぶ》の原稿をまた一から書き直したという話です。

その人柄を語って、これ以上の逸話はないでしょう。右の言葉はそのカーライルが自らの仕事観を語ったものです。

カーライルに限らず、一流の人は確固たる仕事観を持っています。彫刻家のロダンはこう言っています。「仕事は生活の方便《ほうべん》ではない。生活の目的であり、働くことが人生の価値であり、人生の歓喜である」

偉大な人格と仕事観は無縁ではないように思います。

日常の出来事に一喜一憂せず、
現在の仕事を自分の生涯の仕事として打ち込むこと。
そして、それを信念にまで高めなければ
自己の確立はあり得ない。

安岡正篤

昭和の歴代総理の指南役といわれた思想家・安岡正篤《まさひろ》師。「終戦の詔勅《しょうちょく》」に朱を入れたことでも知られる師は、戦後はＧＨＱにより財産没収、公職追放に遭い、築いてきた多くを失いました。

しかし、落胆する姿は誰一人として見たことがなく、以前と変わらず、泰然《たいぜん》として人間学を説き続けたといいます。

人生には日々、色々なことが起こります。身内の不幸もあるでしょう。病気になることもあるかもしれません。家族の悩み、あるいは人間関係で上手《うま》くいかないなどたくさんの出来事が我が身に降りかかってきます。

しかし、そんな人生途上《とじょう》の出来事に振り回されず、自分の仕事を生涯の仕事として打ち込む。それを信念にまで高め、何が起きても仕事に徹する。

その姿勢、覚悟がなければ、本当の自己は確立できず、雲散霧消《うんさんむしょう》の人生を送ることになることをこの言葉は教えてくれています。

本気・本腰・本物

坂村真民

「念ずれば花ひらく」の詩碑《しひ》などで知られる仏教詩人・坂村真民先生。不遇な少年期や原因不明の病など多くの逆境を経験されながらも、求道一貫《ぐどういっかん》、詩作に打ち込まれ、その作品はいまなお多くの日本人の心に火を灯し続けています。

その坂村真民先生が生涯のテーマとしたのがこの言葉だったと思います。

本気になれば自《おの》ずと本腰《ほんごし》が入る。その本腰の姿勢を貫いていくことで、いつしか本物になる――。

片足だけ、半身だけ腰を入れていつでも逃げ出せるようにしていながら、「私は本気です」と言っている人もいますが、そういう人はいつまでたっても本物にはなれないということでしょう。

本物になれないのは、本腰が入っていない証拠。本腰が入らないのは、本気でない証拠。

自らを省《かえり》みるよすがとし、拳々服膺《けんけんふくよう》したい言葉です。

天の将《まさ》に大任を是《こ》の人に降《くだ》さんとするや、必ず先《ま》ず其《そ》の心志《しんし》を苦しめ、其の筋骨《きんこつ》を労《ろう》せしめ、其の体膚《たいふ》を窮餓《きゅうが》せしめ、其の身行を空乏《くうぼう》せしめ、其の為《な》さんとする所を払乱《ふつらん》せしむ。心を動かし性を忍《しの》ばせ、其の能《よ》くせざる所を曽益《ぞうえき》せしむる所以《ゆえん》なり。

孟子

「天が重大な任務をある人に与えようとする時に、必ずまずその人の精神を苦しめ、その筋骨を疲れさせ、その肉体を飢えさせ、その行動を失敗ばかりさせて、そのしようとする意図と食い違うようにさせるものだ。

これは、天がその人の心を発憤《はっぷん》させ、性格を辛抱強くさせ、こうしていままでにできなかったこともできるようにするための貴《とうと》い試練である」

『孟子《もうし》』の中でも有名な言葉です。古来、この言葉にどれだけの人が心を鼓舞され、勇気づけられたか、計り知れません。

誰の人生にも苦難はやってきます。その苦難に出遭った時に、どういう心構えで乗り越えていけばいいのか。孟子はその解答を示してくれています。

降りかかる困難や逆境は、我が身を磨き鍛え上げ、立派な人物にするためのありがたい試練であることを、心に留めておきたいと思います。

制限の中において初めて
名人はその腕を示す

ゲーテ

偉人の言葉というのは、古今東西を問わず、人の心を打つものがあります。ドイツの大文豪ゲーテのこの言葉もその一つです。文の達人は人生の達人でもあったことが、この言葉から窺えます。

昔、大学を何年も留年し、一向に卒業しようとしない大学生にこういう話をしたことがあります。

「ミレーの絵も、ゴッホの絵も、どんな名画も額《がく》に収まっている。もし額がなく、どんな広さで描いてもいいと言われたらどうなるか。かえって絵は描けない。額があることによって、つまり制限の中で描くからこそ、名画は名画たり得る。人生も同じだ。制限があってこそ人生は輝く。何の制限もないようなところで生きていると、人間は堕落するだろう。人生もいつまでも生きているわけにはいかない。限られた時間の中でどう生きるか、それが人生の質を決定する。早く大学を卒業せよ」

この言葉に何かを感じ取ってくれたのか、彼はその年に大学を卒業しました。

これが足りないと言っている間は、未《いま》だしです。制限の中において、いや制限の中にあるすべての条件を生かして、どう自分の理想を実現するか、自分の人生を充実させるか。そこに名人としての呼吸があるということを、ゲーテのこの言葉は教えてくれています。

人の生をうくるは難《かた》く
やがて死すべきものの
今生命あるは有難し
正法《しょうぼう》を耳にするはなお難し

『法句経《ほっくぎょう》』

一つの細胞が生まれるのは一億円の宝くじが百万回連続で当たるくらいの確率だとある科学者が言っています。その細胞が三十七兆個も集まったのが人間の生命です。人間として生を受けるのは奇跡だといえます。

しかも、生まれたものは必ず滅《めっ》します。死は老少不定《ろうしょうふじょう》であり、年を選ばずに迫ってきます。

それなのに今ここにこうして生きている。まさに有り難きことです。

また、迷い多い凡夫《ぼんぷ》の身でありながら、正しい教えに導かれて人生を全《まっと》うできる。

すべては「おかげさま」の世界です。

「おかげさま」の世界で生かされていることを忘れず、自らを律していきたいものです。

父母のおんとくはてんよりもたかく、
海よりもふかし

中江藤樹

江戸初期の儒学者にして「近江聖人《おうみせいじん》」と謳われた中江藤樹《とうじゅ》の『翁問答《おきなもんどう》』にある言葉です。村民に教えを説いた藤樹の言葉はどこまでも平易です。

改めて説明する必要はないでしょう。時に一人静かに口ずさみたい言葉です。

こころを高める

十億の人に十億の母あらむも
わが母にまさる母ありなむや

暁烏　敏

仏教学者で真宗大谷派の僧侶《そうりょ》でもあった暁烏敏《あけがらすはや》の言葉です。

暁烏は明治十（一八七七）年、石川県で生まれました。若い頃から信仰運動に打ち込みますが、六十代で眼疾《がんしつ》を患い、後に失明。それでも晩年は真宗大谷派総務総長として親鸞《しんらん》の教えの普及に力を注ぎ、昭和二十九（一八九六）年に七十八歳で他界しています。

暁烏の母は清貧《せいひん》に甘んじて生きた説教師の夫をよく支え、またとても教育熱心な女性だったともいわれています。暁烏のこの言葉は、そういう母に対する本心から湧き出る思いを綴《つづ》ったものなのでしょう。

この歌が多くの感動を呼ぶのは、単に一個人の思いを超えて、母たるものの本質を歌いあげているからだと思います。日本にはこういう母がたくさんいたのです。子供たちが、自分の母こそこの地上で最高の母だと言い切る母が日本の全国津々浦々《つつうらうら》にたくさんいた。日本の今日《こんにち》あるは、そういう母がいたればこそだと思います。

そういう母の姿が現代にも多からんことを願うばかりです。

功《こう》の成るは成るの日に成るにあらず。
けだし必ず由《よ》って起こる所あり。
禍《わざわい》の作《おこ》るは作るの日に作らず。
また必ず由って兆《きざ》す所あり。

蘇老泉

北宋《ほくそう》の文人、蘇老泉《そろうせん》の『管仲論《かんちゅうろん》』の中にある言葉です。

優れた実績は、ある日突然に成し遂げられるものではなく、必ずそこに至る地道な努力の日々があるものだ。同様に、禍というものも、それが起こった時に初めてもたらされるものではなく、必ずこれより先に、そうなるべき萌芽《ほうが》があるということです。

私たちはともすると、物事の表面ばかりを捉え、人の成功を羨《うらや》んだり、不本意な出来事を嘆いたりしてしまいがちです。

しかし、自分の直面する出来事にはすべて原因があり、虚心《きょしん》に振り返ってみれば、その原因の大半をつくっているのは他ならぬ自分自身であることが分かります。

このことを自覚し、いま、ここで、よき因を一つひとつ積み重ねていくことが大切です。


蘇老泉の説く真理を、別の言葉で表現しているのが『酔古堂剣掃《すいこどうけんすい》』の次の言葉です。

「名を成すは毎《つね》に窮苦《きゅうく》の日にあり。事を敗《やぶ》るは多くは志を得るの時に因《よ》る」

蘇老泉の言葉とともに、噛み締めたい名言です。

努力とはわがままな自己との戦いになるが、
この自己との戦いに勝つことなくしては、
とうてい人の名にふさわしい
尊い人たることはできないであろう。
さぁ、ガンバロウ。

平澤　興

平澤興先生は、まさに努力の人でした。

京都大学の医学部生時代、授業は実験以外には出ず、教授の推選した原書をすべて読破することを決意。未明《みめい》の二時に起き、夜の九時過ぎまで机に向かうという生活を何年も続けたことは、よく知られています。

平澤先生の同級生が平澤先生について、このような言葉を残しています。

「人間、努力をすれば最も優れたところまで進み得ることを、彼は身を以《もっ》て教えてくれた。平澤君は非常な努力家でありました」

同級生からこれだけの称賛を受けるところに、平澤先生の努力の姿勢が窺い知れます。

一道は万芸に通じるといいますが、医の道を究められた平澤先生の言葉はどれも平易な中に深い味わいがあります。右記の言葉もそうです。さぁ、ガンバロウと呼び掛けてくれる先生の言葉に励まされます。

天爵を修めて人爵これに従う

孟子

天爵《てんしゃく》とは、天が定めた爵位《しゃくい》のことを指します。人爵《じんしゃく》とは、人が定めた爵位のことで、これは社会での地位や会社の肩書《かたがき》にあたります。

天の定めた爵位を修めたら、自ずとそれに相応《ふさわ》しい人爵が与えられます。ところが、天爵を修めていない人はどんなに華々《はなばな》しい地位や肩書を得ても、それは決して長続きしない、という意味です。

孟子《もうし》がこの短い言葉の中で教えているのは、天爵を修めることなくして、人の上に立つ人間には決してなれないということです。

天爵を修めるには、人生における様々な試練、課題を乗り越えていかなければいけませんが、それだけでは十分ではありません。天爵は一度修めたらそれで完成するわけではなく、常に努力し続ける必要があるのです。

高い地位にいる人にも、意に沿わない立場にいる人にも、自己のあり様を内省《ないせい》させる言葉です。常に天爵を修めるべく努力していきたいものです。

うまくいくのもいかないのも、
それはすべて自分に原因があると
考えたほうがいい。
外に原因を求めている間は
決してうまくいくものではない。

松下幸之助

松下幸之助氏は幼少期より常人の何倍もの苦労をされてきた人です。それだけにその言葉は人生の真理を説いて、深く心に沁《し》みてくるものがあります。

失敗の原因を他者や環境のせいにする人がいます。

しかし、そうしている限り、運命は発展していきません。

失敗を他者や環境のせいにせず、自分の責任と思う。そこに知恵が湧いてくるのです。

松下氏の言葉は端的《たんてき》にそのことを教えてくれています。心したい言葉です。

何程《なにほど》、制度・方法を論ずるとも、
その人にあらざれば行われ難し。
人ありて後、方法の行わるるものなれば、
人は第一の宝にして、
己れ、その人に成るの心がけ肝要なり。

西郷隆盛

たぎった時代にたぎった人物が生まれるといいます。

西郷隆盛《さいごうたかもり》はその典型でしょう。あの時代にもし西郷がいなければ、明治維新は成り立っていなかったかもしれません。

その西郷が、どれほど立派な制度、方法を考えても、それを実行、運営する人がいなければ何の価値もないものになってしまう。だから、まず自分がその制度、方法を立派に運営するだけの人材になることが一番大事だと言っています。これはあらゆることに言えることです。

そこにどういう人がいるかで、国も組織も家庭も決まります。そこにあの人がいてよかったと言われる人間的実力を身につけることこそ、リーダーの第一に心掛けるべきことと、大西郷は教えてくれています。

花が咲いている
精一杯咲いている
私たちも精一杯生きよう

松原泰道

龍源寺《りゅうげんじ》住職や「南無《なむ》の会」会長等を務め、百一歳で亡くなる最期の時まで人々に仏教の教えを説き続けた松原泰道《たいどう》先生。

当時中学生だった臨済宗円覚寺派管長の横田南嶺《なんれい》師が、泰道先生に初めてお会いした際に、「仏教の教えをひと言で言い表す言葉を書いてください」とお願いしたところ、すぐにこの言葉を書かれたといいます。

南嶺師からこのお話を初めて伺った時の感動を今も忘れません。「仏教の教えをひと言で」と質問する中学生もすごいですが、その質問にさっとこの一語を示された泰道先生の心境の深さに感動を覚えるのです。

花が咲いている。精一杯咲いている。

私たちも精一杯生きよう。

この世に生を与えられた者は等しく、この仏教の教えのとおり、各自の人生を生き抜きたいものです。

三つの時の写真と
七十三歳の写真とを
並べて見ていると
守られて生きてきた
数知れないあかしが
潮のように迫ってくる
返しても返しても
返しきれない
数々の大恩よ

坂村真民

若い時には頭でしか分からなかったことが年をとるとしみじみと分かるということが人生にはあるようです。

この詩もまた、そういう味わいを持った詩のように思います。

三歳の時の自分の写真と七十三歳の自分の写真を眺める。その間七十年、無数無限の出会いがあり、自分は生かされてきた。その思いを二つの写真を眺めながら、真民先生は噛み締められたのでしょう。

私たちは今日まで生きてくるのにどれほどの恩を受けてきたかしれません。そのことを思い出させてくれる詩です。

無数の縁、恩に守られての人生であることに思いを馳《は》せ、また新たな明日へ一歩を踏み出しましょう。

あんたには日本一は無理だと思う。
あんたの言葉には
夢がない、力がない、迫力がない。

国分秀男氏が先輩から言われた言葉

全国大会出場七十七回、うち全国制覇十二回。高校女子バレーボール界最多優勝回数を誇る宮城県の古川商業高校（現・古川学園）を育て上げた名将・国分秀男《こくぶんひでお》氏が、まだ若い教師時代、一緒に働いていた先輩教師から言われた言葉です。

横浜の京浜《けいひん》女子商業高校（現・白鵬《はくほう》女子高校）から古川商業への転勤が決まり、日本一の夢に向かって旅立つその日、親しかった先輩教師は月並みな別れの言葉ではなく、「あんたに日本一は無理だと思う」と憎まれ役を買って出て、氏に足りない資質を教えたのでしょう。

言葉に夢がなく力のない人間には、誰もついていかない。そして言葉に迫力がないということは信念が本物ではないということに他ならない。真にリーダーシップを発揮し、夢を実現するためには、発する言葉に迫力が出るような生き方をしなければならないことを教えてくれるエピソードです。

国分氏はこの言葉に活を入れられ、前人未到《みとう》の記録を果たしていくのです。

ちなみにその時の先輩教師とは、後に北京《ぺきん》五輪にて卓球女子日本代表を率いた近藤欽司《きんじ》氏です。

苦と楽の花咲く木々をよくみれば
心の植えし実の生えしなり

二宮尊徳

二宮尊徳《にのみやそんとく》はその生涯にたくさんの道歌《どうか》を残しています。

米蒔《ま》けば米の草生えて米の花　咲きつつ米のみのる世の中

同じことを麦、梅、松、百木百草《ひゃくぼくひゃくそう》についても歌い、こんなふうにも詠《よ》みます。

悪蒔けば悪の草生えて悪の花　咲きつつ悪のみのる世の中

善蒔けば善の草生えて善の花　咲きつつ善のみのる世の中

この道歌をさらに普遍的に詠んだのが右記の歌です。
人生は心に植えたとおりの花が咲く。これは幾時代を経ても変わらぬ人生の真理です。
最後に尊徳翁《おう》の素晴らしい道歌をもう一つ。

丹精《たんせい》は誰知らずともおのづから　秋の実りのまさる数々

真に人間が練られるのは、
恵まれない片田舎において
刻苦《こっく》する時である。

森　信三

森信三先生は明治二十九（一八九六）年、愛知県の裕福な家に生まれました。しかし、生まれて間もなく母が不縁となり、小作農の森家の養子になります。その後、小学校を首席で卒業し、師範学校への入学を決意するも、年齢が足りず、約一年、母校の給仕を務め、十七歳で愛知師範学校に入学。

以後も勉学への情熱は止《や》まず、京都大学の大学院を卒業したのは三十六歳の時でした。しかし、首席で卒業しながら京都に職を得ず、講師をしていた大阪天王寺《てんのうじ》師範学校に教員として迎えられたのです。

この大阪天王寺師範学校で森信三先生は「修身《しゅうしん》」の時間に独特の授業をされ、その講義録は後に二冊の名著を生みました。『修身教授録』と『森信三訓言集《くんげんしゅう》』です。右の言葉は『森信三訓言集』の言葉ですが、同書の中で森信三先生はこうも言っています。

「人間というものは、どうも何処《どこ》かで阻《はば》まれないと、その人の真の力量は出ないもののようです」

どちらも森信三先生の人生を体《たい》した宝のような言葉です。

父死に給《たも》うその臨終《きわ》に
泣きて念ずる声あらば
生きませる時なぐさめの
言葉かわして微笑めよ
母息絶ゆるその臨終に
泣きて合掌《おろが》む手のあらば
生きませる時肩にあて
誠心《まごころ》こめてもみまつれ

『報恩の歌』竹内浦次

『報恩《ほうおん》の歌』は、修養団の講師だった竹内浦次氏が「父母恩重経」という経典をもとにつくったものだといわれます。

一読、はっとさせられる歌です。
多くの人が陥《おちい》りやすい通弊《つうへい》を、この歌はやさしく諭《さと》してくれています。
多言《たごん》は無用でしょう。
各人各様深く心に留め、生きる指標《しひょう》としたい歌です。

夷険一節

欧陽脩

北宋《ほくそう》の政治家であり、学者、文化人としても活躍した欧陽脩《おうようしゅう》の言葉。

「夷険《いけん》」は、土地の平らな所と険しい所を表し、太平と乱世、あるいは順境と逆境のたとえです。「節」は節操《せっそう》の意で、節義を守って変えないこと。

「夷険一節《いっせつ》」は、平和で順調な時も慢心せず逆境にある時もぺしゃんこにならず、節操を変えることなく前へ進むべきことを説いています。

東洋の先哲が等しく説いている大事な心得です。こういう言葉もあります。

「無事の時、心をして空《むな》しからしめず
事有る時、心をして乱れしめず」

出典は不明ですが、この言葉もまた常に腹中《ふくちゅう》に入れておきたい言葉です。

順逆を超える——人間学を学ぶ者として目指したい境地です。

人生をひらく

本当に人生を楽しむのは八十歳からである。
この歳になってがっくりする人と
新しい人生に燃える人が出てくる。

平澤 興

年を取ることの素晴らしさを、実感をもって語ってくださったのが平澤興先生です。
平澤先生自らがそういう人生を生きられた人だから、先生の言葉には深い説得力があります。

若い人に向けて説く言葉も深い。

「勉強を節約するな。若さを浪費するな」
「実行できない予定は予定ではない」

世代を超え、指針としたい言葉です。

「人は単に年を取るだけではいけない。どこまでも成長しなければならない」
とも言われています。

かく生きねばと思わせる力が先生の言葉にはあります。

父母の恩の有無厚薄を問わない。
父母即恩である。

西　晋一郎

森信三先生が師と仰《あお》いだ西晋一郎先生の言葉です。

西先生は明治五（一八七二）年生まれ。戦前の日本の哲学界において、「東に西田幾多郎《にしだきたろう》あり、西に西晋一郎あり」といわれた人です。

その言葉はムダな形容がなく、すっと心に入ってきます。

時に、父母は自分を生んだだけで何の世話もしてくれなかった、という人がいます。しかし、よく目を転じてみれば、父母ありてこそ人はいま、ここに生きているのです。まさに父母即、恩です。

この世に我を生み賜《たま》いし父母の大恩を忘れず、我が人生を切りひらいていきたいと思います。

鉄は錆によって
朽ちる。
人間は愚痴によって
自分を崩す。

釈尊

近年他界された托鉢者《たくはつしゃ》・石川洋《よう》先生がよく口にされていた言葉です。釈尊《しゃくそん》の言葉だといいます。

一読、はっとさせられる言葉です。

我が身のあり様を深く内省させる力がこの言葉にはあります。

確かに鉄は放っておけば錆《さび》によってボロボロに朽《く》ちてしまいます。

しかし、放っておけば、錆によって腐ってしまう鉄も、いつも油をつけて磨いていると、顔が映るような鉄になります。

人も愚痴《ぐち》によって心を腐らせず、磨いていくことが大事だということを教えてくれる言葉です。

人間は本ものに出会わないと
本ものにならない

坂村真民

『坂村真民一日一言』の三月二十日の言葉です。

出会いの根本原理を説いて、これ以上の言葉はありません。

人は大きな魂の人に出会わなければ大きな魂の人にはならない、とも言えます。

真民先生自身も利根白泉、杉村春苔尼《しゅんたいに》という二人の本ものの先達に出会って人生を開花させていったのです。

真の出会いは自己を変え、世界を変える――そういう出会いを求めていきたいものです。

何にしびれるかによって、その人は決まる。
中江藤樹は『論語』と王陽明《おうようめい》にしびれていた。
人間は本物にしびれなければならない。

安岡正篤

出会いには二つの原理がある――というのが『致知《ちち》』の取材を通して得た実感です。

一つは先に紹介した坂村真民先生の言葉「人間は本ものに出会わないと本ものにならない」です。

もう一つの原理が、安岡正篤師のこの言葉です。

本物に出会ってもしびれなければ出会いにはなりません。その人の人格、人間性によってしびれるものの中身は違います。

私たちは本物にしびれるだけのものを、自らに内包《ないほう》していかねばなりません。

誰でも二つの教育を持っている。
一つは他人から受ける教育である。
もう一つはもっと大事なものであるが、
自分が自分に与える教育である。

エドワード・ギボン

『ローマ帝国衰亡史《すいぼう》』の著者として知られる、十八世紀イギリスの歴史家エドワード・ギボン。自己を成長へと導く根源は、洋の東西を超えて通ずるものがあります。

学生は学校に通ってさえいれば教育を受けることができますが、受け身的な姿勢では真の成長は望めず、自らの力とはなり難いことをギボンの言葉は教えてくれています。

中国の古典『荀子《じゅんし》』にも次の言葉があります。

「冥冥《めいめい》の志なき者は、昭昭《しょうしょう》の明《めい》なく、惛惛《こんこん》の事なき者は、赫赫《かっかく》の功なし」（心の中で密かに志を抱いて努力して励んでいこうという気持ちを持たない者に輝かしい名誉などは表れてこない。目立たない誰も見ていないところで一所懸命、善行や努力を積み重ねていない者には明らかな功績など表れてこない）

即《すなわ》ち、自分一人の時間に何をしているか。それが人生や運命を決めてしまうということでしょう。

真の教育は社会人になってから始まると言ってもよいかもしれません。修養の道に限りなしです。

古語《こご》に、之《これ》を思ひ之を思ひてやまざれば
天《てん》之を助く、と云《い》へり。
之を勤め之を勤めてやまざれば、
又天之を助くべし。

二宮尊徳

全生涯にわたって、関東地方を中心に六百余の農村復興事業に携わり、一滴の血も流すことなく成功に導いた幕末の偉人、二宮尊徳。

しかし、すべての復興事業が最初からうまくいったわけではありません。特に、自ら土地も家も売り払って背水の陣で臨んだ桜町領の復興事業では、村人の反感や役人の妨害など様々な壁に直面します。

そこで尊徳は、事業成就のために、成田山新勝寺《なりたさんしんしょうじ》で最も厳しい二十一日間の断食修行を敢行し、七大誓願《せいがん》を成田不動尊に祈るのです。

そして断食満願の日、「不動尊とは動かざること尊し」と悟り、「たとえ背中に火がついても桜町から離れない」と不動の決心をし、ついに桜町領復興事業を見事に成功させました。

広大な農村復興事業を行う中で、尊徳はたくさんの教えを私たちに残してくれていますが、右記の言葉は、リーダーたる者に求められる覚悟と心構え、そして物事を成就《じょうじゅ》する要諦《ようてい》を端的《たんてき》に示してくれています。

桃栗三年、柿八年。
柚子《ゆず》は九年で実を結ぶ。
梅は酸《す》いとて十三年、
蜜柑《みかん》、大馬鹿二十年。

禅語

弊社の講演会で横田南嶺師にご紹介いただいた言葉です。

横田管長が修行を始めた頃、道場の老師より「禅の修行は馬鹿《ばか》でも小馬鹿ではいけない。大馬鹿になるんだ。その大馬鹿になるには、二十年は辛抱しないとなれないぞ」と諭されたそうです。

これは禅の修行に限ったことではありません。いかなる道も、打ち込むこと二十年にしてようやく結実を得るというのが共通する真理といえましょう。

『致知』も、はや創刊四十年。この言葉の真意が、僅《わず》かながら分かりかけてきたところです。

師に遇《あ》うも覚《さと》らず。
師に覚るも勤めず。
勤むるも道を守らず。
或《あるい》は志固《かた》からず。
固きも久しうする能《あた》わず。

道家・真誥

人間の愚かさを鋭く突く道教《どうきょう》の訓戒《くんかい》です。

たとえ一流の師に会っても、その価値に気づかず、師の価値に気づいても、その教えを実行せず、実行してもいい加減で、志が固くなく、志が固くても、持続することができない。

こうした姿勢では、人生において何事も成し得ることはできないでしょう。

この人間の愚かさを自覚し、己の道を真摯《しんし》に歩み続けるところに人生は結実します。

時に立ち止まって反芻《はんすう》し、内省したい箴言《しんげん》です。

尊敬の念を持たないという人は
小さな貧弱な自分を、
現状のままに化石化する人間です。

森　信三

森信三先生の名著『修身教授録』の「敬について」の中にある言葉です。

同書は、八十年前の講義録ですが、時を超えて人の心を打つ金言が溢れています。右の言葉もその一つです。

この講義の中で森先生は次のようにも言っています。

「敬うとは、自分より優れたものの一切を受け入れてこれを吸収し、その一切を奪いとって、ついにはこれを打ち越えようとする強力な魂の、必然な現れと言ってもよいでしょう」

「尊敬するということは、ただ懐手《ふところで》で眺めているということではなくて、自分の全力を挙げて相手の人に迫っていくことです。（略）
実際人間というものは、自分の生命力の弱い間は、生命力の強い人にはなかなか近付けないものです」

人の生き方を考え尽くした森信三先生ならではの教えです。

苦しさに動揺せず、
志固く努力を続けていく中で、
本当の魂がつくられる。

松下幸之助

松下幸之助氏は明治二十七（一八九四）年、和歌山県に生まれました。もともと松下家はかなりの資産家でしたが、松下氏が四歳の時に父親が米相場で失敗。先祖伝来の土地や家を手放して一家は移住し、父親は単身大阪に働きに出てしまうのです。

前述のとおり、松下氏自身も尋常小学校を中退し、十歳で大阪の火鉢店に丁稚奉公に入り、頭の下げ方や言葉遣いに始まり、幼いうちから商人としての厳しい躾をみっちりと受けています。その後も、肺尖《はいせん》カタルに罹《かか》ったり、財産もない、学歴もない、健康もすぐれない、「ないない尽くし」の中で、松下電気器具製作所を創業するなど、まさに逆境・困難の連続の人生を歩みました。その歩みの中から生まれた松下氏の言葉は人生の真実を説いて、私たちの心を深く揺さぶるものがあります。

松下氏はこうも言っています。

「勤勉努力の習性を身に付けよう。

その習性こそ終生自分の体から離れぬ貴重な財産である」

どちらの言葉も逆境に決して屈せず、誰にも負けない努力を続け、魂を練《ね》り上げていかれた松下氏の人生から滲《にじ》み出てくるような珠玉の言葉だと言えるでしょう。

いつも颯爽《さっそう》としている。
いつも颯爽とした晴れやかな気分でいる。

渡部昇一

知の巨人と称される上智大学名誉教授・渡部昇一《わたなべしょういち》氏が、事あるごとに自身に言い聞かせてこられたという言葉です。弊社刊『渡部昇一　一日一言』の六月三十日に出てきます。

一見何でもないような言葉ですが、ここで重要なのは「いつも」ということでしょう。たとえ自分の意に沿わないこと、受け入れ難い逆境や試練に直面した時でも、周囲の人に対して素直に明るく温かく接することができているか、と問われているのだと思います。

同書の一月一日で、渡部氏はこうも述べています。

「元気と愉快というのは、人生においてきわめて重要である。仕事はとにかく常に元気で愉快にやる。その気分が重要だということをわれわれは意識すべきだと思う。ジュリアス・シーザーの特色はいつも上機嫌だったことだそうだ」

人生は僅《わず》かな心術《しんじゅつ》の工夫が決めることを、氏の言葉は教えてくれています。

来る者は迎え、去る者は送る。
対する者とは和《わ》す。
五五十、一九十、二八十。
大は方処を絶し、
細《さい》は微塵《みじん》に入る。
活殺自在《かっさつじざい》。

鬼一法眼

伝説の陰陽師《おんみょうじ》・鬼一法眼《きいちほうげん》は文武《ぶんぶ》の達人。牛若丸は、法眼の説くこの和合の極意によって弁慶《べんけい》を制したともいわれています。

来る者は快く迎え、去る者は丁寧に送り、目の前にいる者とは和合する。

一方に心の乱れがあっても自分を捨て切って無私となり、相手が一の時は九で補い、二の時は八で助けて、十の満数にする。

方処《ほうしょ》とは方角や場所。大はそれを飛び越えて宇宙いっぱいに広がり、また、小はどんな塵埃《じんあい》の中にも入っていき、何事も思いのままに対処できる——。

まさに達人の心境と言えましょう。日々の営みを通じて心を練り、こうした境地に少しでも近づきたいものです。

あとがき

弊社では、人間学を学ぶ月刊誌『致知』の創刊当初（一九七八年）より、毎年、「致知手帳」を発刊してきました。

二〇一四年版を発刊する際、日頃、目にする手帳に、日々の行動指針となるようなものを添えることができたらと考え、付録として添えたのが「人生心得帖」という薄い冊子です。私自身が書き留めてきた先人の心に残る言葉に解説を付《ふ》したシンプルなつくりでしたが、これが思いの外、皆様から喜ばれ、翌年からは「人生心得帖を楽しみに、今年も手帳を購入します」といった方も現れました。数年前より「この心得帖をまとめてぜひ書籍にしてほしい」とのお声を数多くいただいていたこともあり、このたび、二〇一四年から二〇一七年までの四つの冊子をまとめて本書を刊行する運びとなりました。

『致知』を四十年間にわたり発刊させていただき、多くの優れた方々のお話を聞かせていただきましたが、その方々に共通していたことの一つは、自らを鼓舞する言葉を心中に持ち、それらの言葉を糧《かて》に人生行路を歩まれているということでした。

幕末の儒者《じゅしゃ》・佐藤一斎《いっさい》は「一燈《いっとう》を提《さ》げて暗夜《あんや》を行く。暗夜を憂《うれ》うることなかれ。ただ一燈を頼め」と述べています。

人生行路は暗夜を行くようなものだが、一燈があれば転んだり、道を踏み外したりすることはない――。一燈とは、古今東西の先哲が残した、生きていく上での範となる人生心得ではないでしょうか。その一燈をまず持つことが、人生を開花させていくための第一条件なのだと思います。

多くの先師先達が残した言葉との出会いに感謝するとともに、本書を手に取られた方々が道標となる言葉と出会われ、力強く人生を歩んでいってくださることを願ってやみません。

平成三十一年一月吉日

藤尾秀昭

〈監修者紹介〉

藤尾秀昭（ふじお・ひであき）

昭和53年の創刊以来、月刊誌『致知』の編集に携わる。54年に編集長に就任。平成４年に致知出版社代表取締役社長に就任。現在、代表取締役社長兼編集長。『致知』は「人間学」をテーマに一貫した編集方針を貫いてきた雑誌で、平成25年、創刊35年を迎えた。有名無名を問わず、「一隅を照らす人々」に照準をあてた編集は、オンリーワンの雑誌として注目を集めている。主な著書に『小さな人生論１～５』『小さな修養論１～２』『小さな経営論』『心に響く小さな５つの物語Ⅰ～Ⅱ』『プロの条件』『安岡正篤 心に残る言葉』『ポケット名言集「小さな人生論」』『活学新書「ポケット修養訓」』『人生の大則』『長の十訓』『小さな人生論ノート』『心に響く言葉』『生きる力になる言葉』『生き方のセオリー』などがある。

人生心得帖

平成三十一年一月三十日第一刷発行

監修者 藤尾 秀昭
発行者 藤尾 秀昭
発行所 致知出版社
〒150-0001 東京都渋谷区神宮前四の二十四の九
TEL（〇三）三七九六－二一一一
印刷・製本 中央精版印刷

ISBN978－4－8009－1196－4 C0095

ホームページ　http://www.chichi.co.jp
Eメール　books@chichi.co.jp